Max und die Laute

Der Autor
Florian Müller, geboren am 15. September 1973 in Zeven. Studierte Soziale Arbeit in Bremen mit dem Schwerpunkt „Musikalische Früherziehung". Seitdem als freier Musikpädagoge in verschiedenen Bremer Kindergärten, Schulen und Musikschule tätig. Neben der Tätigkeit als freier Musikpädagoge hat angefangen auch Kinderlieder zu schreiben und im Dezember 2014 seine erste CD unter dem Titel „Alle Leinen Los" veröffentlicht. Florian Müller ist verheiratet und hat zwei Kinder.
Mehr Informationen gibt es unter **www.florianmüller.net**.

Der Illustrator:
Juan Palacio, geboren 1969 in Tafalla, Spanien. Studierte Industrie-Design an der Kunstschule Escola Massana in Barcelona. Seit 2005 Wohnt und arbeitet er als freier Illustrator von Bremen aus. Mehr Informationen gibt es unter **www.juanpalacio.com**.

Track 01

Florian Müller

Max und die Laute

**Eine musikalische Geschichte
zum Lesen und Hören
mit CD**

Illustriert von Juan Palacio

Edition Falkenberg

Neulich war Max bei seinem Freund Rudi. Rudis Vater spielt Gitarre in einer Band. Als Max und Rudi gerade beginnen wollen zu spielen, hören sie unglaublich laute Töne aus dem Keller. Rudis Vater spielt gerade Gitarre in seinem Übungsraum. Rudi sagt: „Das ist die laute Gitarre. Mein Vater hat verschiedene Gitarren. Laute und leise."

Track 02
Track 03

Als Max abends wieder zu Hause ist, erzählt er Mama:
„Rudis Vater spielt Laute!"
„Echt? Ich dachte immer, er spielt Gitarre", sagt Mama.
„Die war echt laut", sagt Max und Mama sagt:
„Also spielt er doch Gitarre, aber eine laute Gitarre.
Eine Laute ist ein anderes Instrument als eine Gitarre.
Aber den Unterschied kann ich dir nicht so genau erklären.
Am besten, wir schlafen jetzt erst einmal und morgen sehen wir weiter."

Am nächsten Morgen wacht Max ganz früh auf. Sofort geht er zu Mama und Papa. Er möchte jetzt unbedingt wissen, was eine Laute ist. Immerhin hat er heute Nacht schon davon geträumt.

Nach dem Frühstück geht es los. Max macht mit Papa einen Ausflug zur Musikschule. Papa hat gesagt: „Wenn jemand weiß, was eine Laute ist, dann jemand in der Musikschule. Immerhin sind das Experten für Musik." Gemeinsam gehen sie in das Haus und werden von der Leiterin, Frau Harmonie, begrüßt.

Max ist ganz aufgeregt: „Wir möchten gern wissen, was eine Laute ist!" Frau Harmonie erklärt, dass eine Laute ein ganz altes Instrument ist und dass dieses Instrument nur ganz wenige Menschen spielen.

„Mein Freund Max sein Papa, der spielt so eine Laute. Die konnte man vom Keller bis zum Dach hören", meint Max. Da muss Frau Harmonie ein wenig lachen, denn jetzt weiß sie, dass Max keine Laute gehört hat, sondern eine laute Gitarre.

Leider ist die Lehrerin für Laute heute nicht in der Musikschule, dafür aber ein anderer Gitarrenlehrer.

Herr Barrè hat gerade eine Pause und freut sich über den überraschenden Besuch. Er erklärt Max und Papa, was Max da wohl gestern gehört hat. „Das hat aber mit einer Laute nicht viel gemeinsam. Auch wenn sie verwandt sind", sagt Herr Barrè.

Er spielt Max ein bisschen auf der Gitarre vor. Hierzu muss er zuerst einen komischen Kasten einschalten. „Das ist der Verstärker. Ohne den geht hier gar nichts." Dann verbindet er die Gitarre und den Verstärker mit einem Kabel. „Ohren zu halten!" Dann geht es los.

Aber nur ganz kurz, denn sofort fliegt die Tür auf und ein anderer Lehrer schaut böse um die Ecke. „Das war dann wohl zu laut. Nebenan ist gerade Geigenunterricht. Aber eine Laute habe ich leider nicht, und ich kann die auch gar nicht spielen. Vielleicht kann euch ja der Gitarrenbauer weiterhelfen."

Track 07
Track 08

Und so gehen Max und Papa zum Gitarrenbauer. Als sie den Laden betreten, kommt ein älterer Herr mit weißen Haaren und weißem Bart aus einem Hinterzimmer. Max erzählt sofort, dass er wissen möchte, was eine Laute ist. Er berichtet, dass sie auch schon in der Musikschule waren und dass man sie von dort hierher geschickt hat.

Der Gitarrenbauer bedauert, dass er keine Laute da hat. Dafür gibt es eigene Lautenbauer. „Aber wenn ihr wollt, dann schaut euch doch meine Werkstatt an. Die dürfte fast so aussehen, wie die von einem Lautenbauer", sagt er.

Mit einer einladenden Geste bittet er beide in den Raum, aus dem er gekommen war. Hier hängen an den Wänden jede Menge Gitarren. Es gibt verschiedene Arbeitsplätze und auf jedem liegen Gitarren. Manche sind ganz, manche sind auseinander gebaut. „Hier", sagt er, „ich habe ein Bild von einer Laute. Das schenke ich dir." Er gibt Max das Bild. Für Papa hat er einen Zettel. Auf dem steht die Adresse eines Lautenbauers. „Ihr könnt aber auch bei Frau Darm fragen. Sie ist Lautenistin. Sie gibt Unterricht und spielt auch öfter mal Konzerte."

Track 09

Am nächsten Morgen hat Papa schon mit Frau Darm telefoniert und berichtet Max, dass sie heute Nachmittag mit ihr verabredet sind.
Den ganzen Vormittag verbringen Max und Papa in Papas Arbeitszimmer und versuchen, am Computer etwas über die Laute zu erfahren.

Max ist ganz aufgeregt, als es endlich Nachmittag ist – und Papa auch ein bisschen!

Track 10

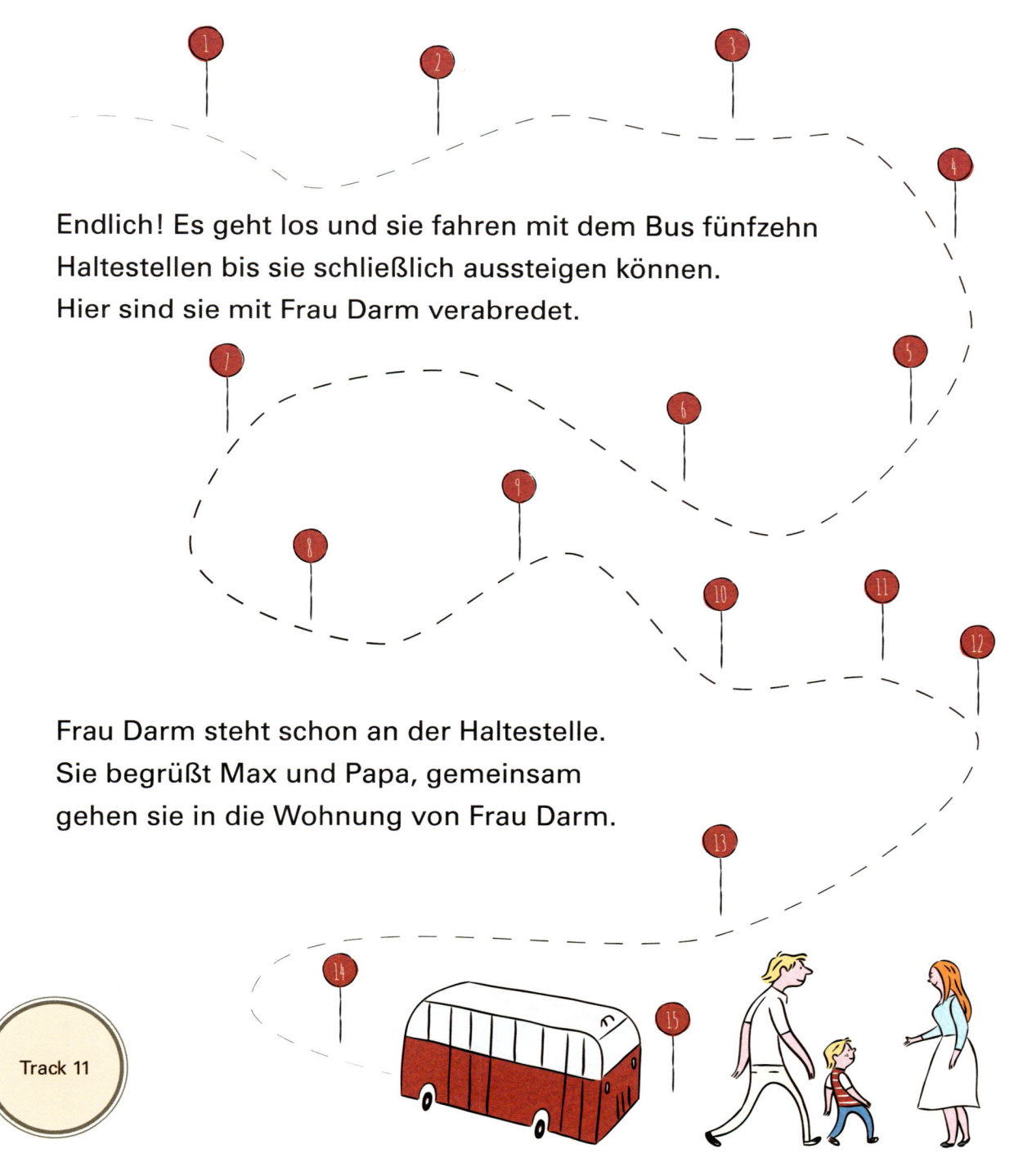

Endlich! Es geht los und sie fahren mit dem Bus fünfzehn Haltestellen bis sie schließlich aussteigen können.
Hier sind sie mit Frau Darm verabredet.

Frau Darm steht schon an der Haltestelle.
Sie begrüßt Max und Papa, gemeinsam gehen sie in die Wohnung von Frau Darm.

Track 11

Hier stehen einige Gitarren und Max ist etwas enttäuscht, denn so hat er sich das nicht vorgestellt. Aber dann gehen sie in einen offenen Raum neben dem Wohnzimmer. „Diese Gitarren sehen aber komisch aus", sagt Max. Frau Darm sagt: „Das sind Lauten. Die wolltest du doch sehen." Dann erklärt Frau Darm: „Es gibt verschiedene Lautenarten. Diese hier ist eine Wanderlaute, sie hat nur sechs Saiten und wird fast wie eine Gitarre gespielt."

„Sechs Saiten?", fragt Max. „Ich habe nur zwei. Immer da wo ein Arm hängt. Links und rechts." Frau Darm lächelt. Sie erklärt Max, dass die Bänder, die über die Laute gespannt sind, Saiten genannt werden. Diese Saiten sind dafür da, die Töne zu machen.

„Das ist wie bei einer Gitarre. Deshalb gehören die Lauten auch in die Familie der Saiteninstrumente."

Track 12

„Oh, die ist wohl kaputt!", ruft Max und zeigt auf eine andere Laute.
„Nein", sagt Frau Darm. „Das ist eine Knickhalslaute. Oder auch
Renaissancelaute! Sie ist achtchörig. Das bedeutet, dass sie 15 Saiten hat."
„Fünfzehn Saiten, und achtchörig? Wie geht das denn?", fragt Max.
„Jeder Chor besteht aus zwei Saiten. Nur der oberste, also die höchste
oder am höchsten klingende Saite, ist allein."

„Möchtest du mal
hören, wie die klingt?",
fragt Frau Darm.
Sie nimmt sich die
Laute aus dem Ständer.
Dann setzt sie
sich auf einen Hocker
und will gerade
anfangen zu spielen,
da ruft Max: „Halt!
Ich habe mir noch nicht
die Ohren zugehalten.
Das ist mir sonst zu laut."
„Nein, keine Angst. Die Laute ist gar nicht laut,
sie heißt nur so." Dann beginnt Frau Darm zu spielen.

Track 13

Nach einiger Zeit hört Frau Darm auf zu spielen.
Max hat keine Ahnung, wie lange sie gespielt hat.
„Und, war das laut?", fragt Frau Darm.
„Nein", antwortet Max, „aber wunderschön!"

Track 14
Track 15

„Die Laute ist eines der ältesten Instrumente überhaupt. Der Name Laute kommt aus dem Arabischen, da spricht man vom *Ud*. Das bedeutet so viel wie *Holz*, also Holzinstrument. Und das stimmt ja auch, denn die Laute ist aus Holz gebaut.

Als die Mauren nach Europa kamen, brachten sie ihr Instrument mit. Die Spanier aber fanden das doof. Sie wollten ein eigenes Instrument. So bauten sie ein Saiteninstrument mit flachem Bauch, die Vihuela. Und aus der Vihuela wurde irgendwann die Gitarre."

Track 16

„Und was ist das? Die ist ja riesig!", will Max jetzt wissen.
„Das ist ein Chitarrone. Und das ist eine Theorbe", sagt Frau Darm.
„Ein Chitarrone gehört zur Familie der Theorben. Laute ist nur der Oberbegriff. Theorben sind Lauten mit verlängerten Basssaiten. Der Chitarrone ist eine Art der Theorbe", sagt Frau Darm.
Max sieht sie total verwirrt an und sagt: „Das verstehe ich nicht."

Und so erklärt Frau Darm weiter: „Stell dir einen Wald vor, in dem stehen viele Bäume. Jetzt nennen wir die Bäume einmal nicht Bäume, sondern Lauten. So wie es in einem Wald verschiedene Bäume gibt, so gibt es viele verschiedene Lauten. Die Theorben sind zum Beispiel die Nadelbäume und ein Chitarrone wäre eine spezielle Art davon. Vielleicht ein …" „Tannenbaum!!!", ruft Max voller Begeisterung, denn nun hat er den Unterschied verstanden.

Leider hat Frau Darm jetzt keine Zeit mehr, denn sie spielt heute Abend ein Konzert. „Dafür muss ich noch üben." Sie gibt Max und Papa noch einen Zettel mit der Konzertankündigung. „Ich würde mich freuen, wenn ihr heute Abend kommen würdet", sagt Frau Darm. Dann schenkt sie Papa und Max noch zwei Freikarten.

Am Abend gehen Papa und Max natürlich zum Konzert von Frau Darm. Die Aufführung findet in einer alten Kirche statt. Als Max und Papa hineingehen wollen, steht ein freundlicher Mann an der Tür, der das Eintrittsgeld kassiert. Max zeigt ihm die Freikarten und sagt: „Wir sind nämlich von Frau Darm eingeladen worden."

„Dann musst du Max sein", sagt der Mann. „Für euch sind in der ersten Reihe zwei Plätze reserviert. Dann kannst du alles sehen, was auf der Bühne passiert."

Track 18
Track 19

Als Max und Papa in die Kirche hineingehen, staunt Max nicht schlecht.
So viele Instrumente stehen dort. Und die meisten hat Max noch nie gesehen.
Aber die Lauten von Frau Darm, die erkennt er sofort.

Track 20
Track 21

Es ist ein wunderschönes Konzert, finden Max und Papa.
Aber jetzt ist es schon ganz schön spät geworden.
Papa will unbedingt nach Hause, denn Max ist total müde.
Es war aber auch ein richtig aufregender Tag.

Als Max im Bett liegt, sagt er zu Mama: „Ich weiß schon, was ich morgen machen will. Morgen will ich die ganzen anderen Instrumente kennen lernen, die heute Abend auch mitgespielt haben." Und bevor Mama noch was sagen kann, ist Max schon eingeschlafen.

Track 23
Track 24

Seid dabei

Florian Müller

1. Strophe
Mein Name ist Max eigentlich Maximilian
Aber dieser Name ist mir einfach viel zu lang.
Max Vogel ganz genau und ich wär so gerne schlau,
so schlau wie der schlauste Mensch auf der ganzen Welt.

Ich möchte so gerne alles wissen, Also raus aus euren Kissen.
Möchte alles genau verstehen, also lasst uns endlich gehen.
Und jetzt geht's los also hoch macht euch bereit.
Seid dabei …

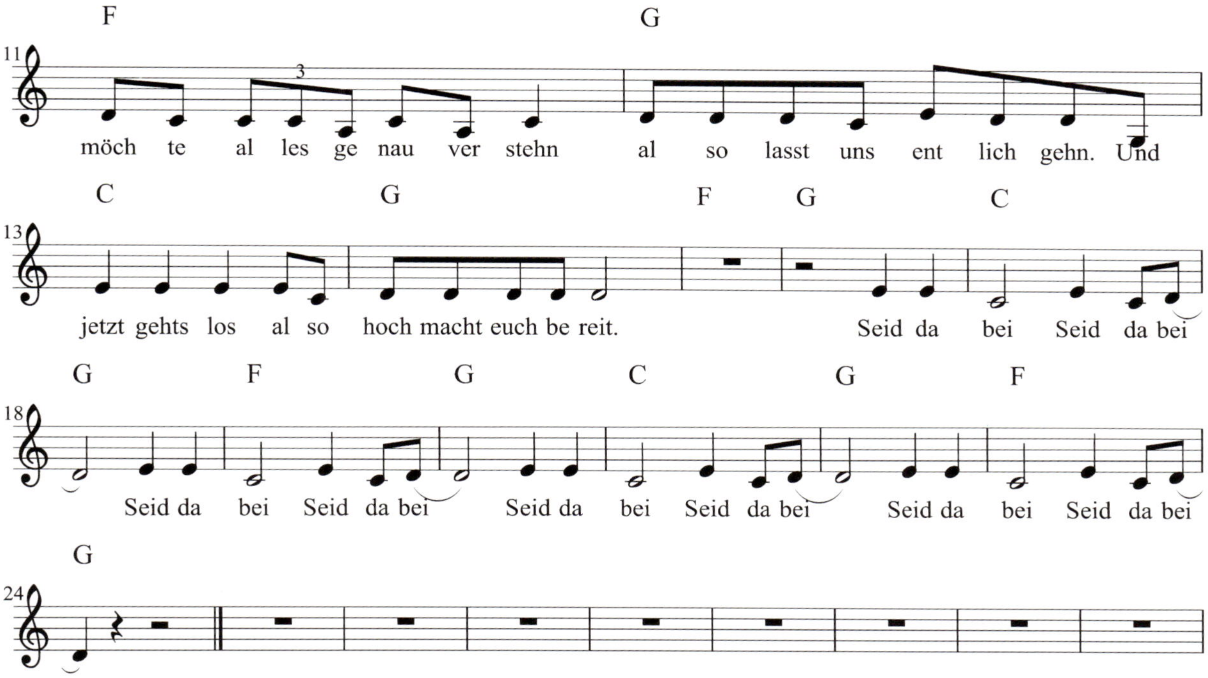

2. Strophe
Ich möchte so gerne wissen warum sich die Erde dreht,
und warum kein Fisch in die Schule geht.
Wohin die Wolke geht, wenn grad kein Lüftchen weht.
Und was der Regen macht, wenn grad die Sonne lacht.

3. Strophe
Warum können Hummeln denn einfach los fliegen
Und wer muss alle Bananen krumm biegen.
Wo fängt der Regenbogen an und wo hört er auf.
Das will ich alles wissen und deshalb geh ich raus.

Track 25

Tracks auf der CD

01. Seid dabei (CD Version)
02. Bei Rudi
03. Rudis Vater spielt E-Gitarre (E-Gitarre Solo)
04. Am Abend
05. Und jetzt schlaf ich ein (CD Version)
06. In der Musikschule
07. Herr Barré
08. Die E-Gitarre (E-Gitarre Solo)
09. Beim Gitarrenbauer
10. Am Computer
11. Die Busfahrt
12. Bei Frau Darm
13. Ist die Laute kaputt?
14. Girolamo Kapsberger „Corrente"
15. Das war wunderschön
16. Die Geschichte der Laute
17. Im Lautenwald
18. Wieder nach Hause
19. Auf Wiedersehen (Kurze Version)
20. Im Konzert
21. William Lawes „Gather ye rosebuds"
22. Das Konzert ist zu Ende
23. Max im Bett
24. Und jetzt schlaf ich ein (Lautenversion)
25. Seid dabei (Lautenversion)